AF313251

CATALOGUE

DES

AQUARELLES

PAR

J. B. JONGKIND

DONT LA VENTE AURA LIEU

HOTEL DROUOT, SALLE N° 7

Le Jeudi 16 Mars 1893

à 2 heures 1/2

Par le Ministère de **Me LÉON TUAL**, commissaire-priseur

56, rue de la Victoire, 56

Assisté de **M. DURAND-RUEL**, expert

16, rue Laffitte, 16

EXPOSITION PUBLIQUE

Le Mercredi 15 Mars 1893, de 1 heure 1/2 à 5 heures 1/2

CONDITIONS DE LA VENTE

Elle sera faite au comptant.

Les acquéreurs payeront en sus des enchères *cinq pour cent.*

Paris. — Imp. de l'Art, E MÉNARD et Cie, 41, rue de la Victoire.

JONGKIND AQUARELLISTE

Le souvenir d'une vente passée, l'annonce d'une vente prochaine font d'un des créateurs du paysage contemporain un sujet d'actualité pour la chronique. Que l'exposition posthume d'un œuvre s'organise, à grand fracas, au palais des Beaux-Arts, ou bien qu'elle se poursuive, par intermittence, à l'Hôtel Drouot, peu importe en vérité. L'essentiel est de ne point négliger d'en retenir la portée. Notez qu'il s'agit aujourd'hui de Johann-Barthold Jongkind et que, avec une si haute personnalité, l'espoir peut toujours être gardé de quelque remarque inédite, de quelque constatation échappée aux devanciers. Certes, les plus enviables admirations n'ont pas fait défaut à Jongkind. Dès longtemps il a obtenu l'éloge enthousiaste des juges clairvoyants dont la postérité a confirmé le verdict, et l'étonnement vient même que certaines de ces opinions n'aient point été rapportées, tant elles honorent à la fois qui elles concernent et qui les a émises. Quel plaisir, par exemple, d'entendre Castagnary s'exprimer de la sorte dans *l'Artiste*, et tenir, en 1863, le langage même que chacun se prend à parler, après trente années : « Je l'aime, ce Jongkind; pour moi, il est artiste jusqu'au bout des ongles; je lui trouve une vraie et rare sensibilité. Chez lui, tout gît dans l'impression; sa pensée marche entraînant la main. Le métier ne le préoccupe guère, et cela fait que, devant ses toiles, il ne vous préoccupe pas non plus. L'esquisse terminée, le tableau achevé, vous ne vous inquiétez pas de l'exécution ; elle disparaît devant la puissance ou le charme de l'effet. » Ouvrez maintenant le *Journal des Goncourt* ; vous y verrez le peintre traité avec une haute et pareille estime; tout d'abord, le 4 mai 1871, lors du récit d'une visite faite en compagnie de Burty à Jongkind, visite qui fournit prétexte à une description caractéristique de l'homme, et, par surcroît, à une curieuse appréciation technique de ses travaux du moment. « J'ai été un des premiers à goûter l'artiste, dit M. Edmond de Goncourt ; mais je ne connais pas le bonhomme. Figurez-vous un grand diable de blond aux yeux bleus, du bleu de la faïence de Delft, à la bouche aux coins tombants, peignant en gilet de tricot et coiffé d'un chapeau de marin hollandais... Il a, sur son chevalet, un tableau de la banlieue de Paris, avec une berge glaiseuse d'un tripotis délicieux. Il nous fait voir des

esquisses de rues de Paris, du quartier Mouffe-
tard, des abords de Saint-Médard, où l'enchan-
tement des couleurs grises et barboteuses du
plâtre de Paris semble avoir été surpris par un
magicien dans un rayonnement aqueux... » Mais
où M. Edmond de Goncourt témoigne de la
compréhension la plus pénétrante et la mieux
avertie, c'est lorsqu'il énonce, à propos du Salon
de 1882, cet axiome digne de servir d'épigraphe
à toutes les biographies à venir : « Une chose me
frappe, c'est l'influence de Jongkind. *Tout le
paysage qui a une valeur, à l'heure qu'il est,
descend de ce peintre, lui emprunte ses ciels, ses
atmosphères, ses terrains.* Cela saute aux yeux et
n'est dit par personne. »

L'action de Jongkind, cette action que M. Edmond de Goncourt était seul à percevoir, l'heure
devait venir où chacun la reconnaîtrait et la
proclamerait à l'envi. Quand la mort eut mis
un terme à la carrière pleinement remplie de
Jongkind, les yeux des plus hostiles soudain se
dessillèrent, et l'indépendance des allures, la
hardiesse et la nouveauté de la vision finirent
de lui être imputées à grief. Les critiques après
décès consignèrent, plus ou moins exactement,
comment s'était écoulée cette existence, tout
entière vouée à l'art, assez simple pour n'avoir
pas d'histoire, non point heureuse cependant.
On rappela la naissance de Jongkind en 1819

à Latrop, sa venue à Paris, ses courses à travers la France, ses fréquents retours au pays natal, l'âpreté de sa lutte avec l'existence, la tristesse, les troubles cérébraux qui en résultèrent, puis la fin obscure, à soixante-douze ans, dans un bourg perdu du Dauphiné. Les administrations publiques, dont l'indifférence n'avait rencontré jusqu'alors aucun censeur, se virent tancées avec rigueur — avec excès peut-être, nul ne s'avisant d'indiquer que, sous la direction des arts de Castagnary, une même lettre avait réclamé du département des affaires étrangères, l'entrée dans la Légion d'honneur de Jongkind et de Whistler... Au demeurant, à quoi sert de s'arrêter à ces minuties anecdotiques? Mieux que toutes les récriminations tardives, mieux que toutes les distinctions, l'œuvre réalisé s'est chargé de venger Jongkind des injustices du passé. On avait vu l'exposition rétrospective du centenaire établir la suprématie de Corot parmi les peintres du siècle ; il appartint aux tableaux et aux aquarelles réunis, en décembre 1891, de déterminer pour jamais la place de Jongkind dans l'école moderne.

Tel qu'il parut alors, Jongkind prit rang au nombre des rénovateurs du paysage de tous les temps. Si la tentation vient de décomposer sa personnalité, il semble qu'on y découvre des éléments constitutifs d'essence opposée ; par son ascendance, Jongkind se rattache à la race des peintres hollandais, avides de quiétude autant que de vérité ; mais avec le calme de l'humeur l'impressionnabilité de l'organisme forme un absolu contraste, et chez lui, la vivacité et l'intensité de la perception sont extrêmes. De là, les différences de la production, selon les pratiques suivies. Peint-il à l'huile, Jongkind s'arrête de préférence aux effets qui demeurent assez longtemps semblables à eux-mêmes, sans variations trop tranchées. Qu'il plante son chevalet dans les polders, en Belgique, sur les bords de la Seine, dans le Nivernais, à la Côte Saint-André, en Provence, Jongkind aimera à dire les frissonnements argentés de la lumière lunaire à la surface des canaux endormis, — le repos des bateaux balançant leur haute mâture dans l'anse des ports, — la campagne dorée et rougeoyante avec, à l'horizon, le disque du soleil couchant, — les paysages de brume et de neige, — la terre morte et gelée. Son âme néerlandaise se complaît à ces représentations. Tenez que l'enseignement d'Isabey n'a pas été sans développer chez Jongkind la propension au choix du motif pittoresque, à l'animation du site par quelque minuscule figuration, et que, d'autre part, à considérer la palette, si Jongkind a ajouté à celle de son maître la gamme des gris, il n'en a pas toujours exclu les tons de rouille et les bitumes, héritage de la tradition romantique. Doit-on s'en étonner ? En fut-il autrement pour J. F. Millet et n'est-on pas en droit d'avancer, à leur sujet commun, qu'ils ne donnèrent tous deux complète, entière la mesure de leur génie, qu'en dehors de leurs tableaux : Millet, dans ses pastels et ses dessins (comme le premier J. K. Huysmans en fit la remarque), Jongkind dans ses extraordinaires aquarelles.

Ici l'élan de notre peintre n'est plus entravé, ni gêné par la lenteur de l'exécution ; libre à lui de réaliser son envie à sa guise, de rendre l'impression subie dans toute la fougue du primesaut, dans tout le feu de l'improvisation. Ici encore plus de signe d'atavisme, plus de trace d'un rapport quelconque avec les prédécesseurs. Les facultés individuelles ont tout absorbé à leur profit. Ceux qui prétendent ne voir en Jongkind qu'un artiste de transition — le lien entre Corot et Claude Monet — chercheraient en vain, devant ces créations, de qui elles descendent et qui elles annoncent. L'aquarelle de Jongkind lui appartient en propre, et c'est bien vraiment là l'œuvre originale, par excellence. Imaginez, sur une feuille, la polychromie de taches informes, jetées, semble-t-il, au hasard 'un pinceau égaré, des balafres, des coulures, de barbares, d'enfantines macules recouvrant maladroitement — tels d'inexacts

repérages — les traits d'un sommaire croquis
visible sous la transparence de l'aquarelle ;
imaginez toutes les brutalités, tous les à peu
près, toutes les abréviations d'une verve qui se
dépêche, furieusement se démène, acharnée à
dérober l'image entrevue, le spectacle tôt éva-
noui. Et ce que vous inclinez à prendre pour
les aventures d'un emportement enivré n'est
qu'inspiration géniale — et les bariolages de
cette course folle du crayon et du pinceau
ne sont que les gages éclatants d'une science
impeccable — et les notations hâtives, simpli-
fiées à l'extrême, ne sont qu'une synthèse spon-
tanée, merveilleuse, que la saisie violente, que
la fixation immédiate et définitive d'un aspect
de nature dans son caractère essentiel, dans
sa vérité particulière et suprême. En ces aquarelles ébauchées, lavées et terminées d'un même
coup, en une seule séance dont elles portent la
date, en ces aquarelles rapides jusqu'à donner
la sensation de l'instantanéité, Jongkind a tout
dit, ce qui demeure et ce qui passe, l'immuable
et l'accident, la construction et l'effet ; d'ins·
tinct, avec un admirable sentiment de la pers-
pective, il a établi son paysage, marqué l'éloi-
gnement de l'horizon, la succession des plans,
les mouvements du sol, la géographie de la
région ; après ce crayonnage primordial qui
constitue l'assise solide de l'œuvre, en viennent

d'autres destinés à donner la vie, le mouvement, à peupler et animer la nature : des passants cheminent, du faîte d'une usine s'échappe un noir panache de fumée, des ailes de moulin tournent, de lourdes péniches glissent lentement, une carriole roule sur la grand'route, des chaloupes se croisent, une locomotive passe ; puis c'est au tour des rehauts à compléter la vraisemblance en ajoutant la couleur, à rendre les rayons, les reflets, les ombres, les physionomies diverses du ciel et de l'éther. Sur ce point, spécialement il convient d'insister. Si dans le concours et la mise en emploi de tant de dons précieux, l'un d'entre eux devait prévaloir, c'est à la faculté de consigner les clartés et l'ambiance que reviendrait, à n'en point douter, cette prééminence. Les aquarelles de Jongkind sont enveloppées, baignées dans des effluves qui se modifient à l'infini, selon la minute, le climat, et on y rencontre l'immatérialité des plus insaisissables phénomènes, le voile des temps demi-couverts, la lourdeur orageuse de la canicule, la promesse des ciels chargés de pluie ou de neige, les imperceptibles vapeurs qui flottent à la surface des eaux. Ainsi toutes les lumières, tous les états d'atmosphère, Jongkind les a nuancés, différenciés dans leur ténuité spéciale, individuelle, avec un tact, une précision, une autorité souverainement puissante, infaillible...

D'autres cependant, et des plus grands, avaient promené sur le bristol le pinceau chargé d'eau colorée ou de gouache ; d'autres communiants avec la nature avaient rêvé de faire servir l'aquarelle à la célébration du culte et de lui confier le secret des plus fugitives visions ; mais à nul la fortune n'était échue de s'approprier intimement un procédé, de s'en assimiler l'esprit, d'en développer les vertus, de le contraindre à devenir un mode d'expression sensible, suggestif, rapide au delà de l'imaginable ; à nul, en somme, il n'était advenu de le recréer et de forcer la postérité à reconnaître que des ressources de l'aquarelle jamais profit plus prodigieux ne fut tiré que par le peintre hollandais Johann-Barthold Jongkind.

(Le Voltaire.)

ROGER MARX.

DÉSIGNATION

12 — *Route près de Nevers.*

13 — *Canal en Hollande.*

14 — *Campagne (Grenoble).*

15 — *Paysage nivernais.*

16 — *Côte-Saint-André-Balbin.*

17 — *Nevers.*

18 — *Près de Nevers.*

19 — *Nevers (clair de lune).*

20 — *Anvers.*

21 — *Paysage ; effet de neige près la Côte Saint-André.*

22 — *Côte-Saint-André.*

23 — *Coucher de soleil (Anvers).*

24 — *Paysage nivernais.*

25 — *Côte-Saint-André.*

26 — *Paysage nivernais.*

27 — *Côte-Saint-André.*

28 — *Paysage nivernais; effet de neige.*

29 — *Rotterdam.*

30 — *Rotterdam.*

31 — *Rotterdam.*

32 — *Le Havre.*

33 — *Honfleur.*

34 — *Côte-Saint-André.*

35 — *Honfleur.*

36 — *Saint-Éloy (Loire).*

37 — *Honfleur.*

38 — *Canal de l'Ourcq.*

39 — *Paysage (Rotterdam).*

40 — *Choisy-le-Roi.*

41 — *Honfleur.*

42 — *Paysage près Nevers.*

43 — *Village près Rotterdam.*

44 — *Près d'Anvers.*

45 — *Nevers.*

46 — *Route près de Nevers.*

47 — *Près Nevers.*

48 — *Nevers.*

49 — *Paysage nivernais.*

50 — *Dordrecht.*

51 — *Paysage hollandais.*

52 — *Nevers.*

53 — *Paysage nivernais.*

54 — *Anvers.*

55 — *Honfleur.*

56 — *Nevers.*

57 — *Nevers.*

58 — *Pantin.*

59 — *Lyon.*

60 — *Anvers.*

61 — *Pâturage en Hollande.*

62 — *Une Route (Nevers).*

63 — *Marine près Anvers.*

64 — *Moulin près Rotterdam.*

65 — *Honfleur.*

66 — *Paysage nivernais.*

67 — *Paysage (Grenoble).*

68 — *Marseille.*

69 — *Paysage (Isère).*

70 — *Près Rotterdam (clair de lune).*

71 — *Honfleur.*

72 — *Rotterdam.*

73 — *Grenoble.*

74 — *Paysage (Hollande).*

75 — *Paysage nivernais.*

76 — *Marseille (le port).*

77 — *Route de Paris à Nevers.*

78 — *Clair de lune (Hollande).*

79 — *Moulin, le matin (Bobigny).*

80 — *Honfleur ; marine.*

81 — *Pupetières ; château.*

82 — *Village nivernais.*

83 — *Nevers.*

84 — *Marine (Anvers).*

85 — *Pupetières.*

86 — *Marine (Anvers).*

87 — *Canal près Rotterdam.*

88 — *Vincent (Bourbonnais).*

89 — *Rotterdam.*

90 — *Honfleur.*

91 — *Pupetières.*

92 — *Anvers; soleil couchant.*

93 — *Blandin.*

94 — *Anvers.*

95 — *Paysage nivernais.*

96 — *Pupetières.*

97 — *Bruxelles.*

98 — *Bruxelles.*

99 — *Construction de bateaux, près Honfleur.*

100 — *Marine (Anvers).*

101 — *Marine (Anvers).*

102 — *Rotterdam.*

103 — *Nevers.*

104 — *Route de Pupetières.*

105 — *Anvers.*

106 — *Village nivernais.*

107 — *Grande Route de Voiron (Isère).*

108 — *Col de Balbins (Côte-Saint-André).*

109 — *Près Honfleur.*

110 — *Paysage (Hollande).*

111 — *Marine (Honfleur).*

112 — *Près Lyon.*

113 — *Près Dordrecht.*

114 — *Rotterdam.*

115 — *Rotterdam.*

116 — *Près Rotterdam.*

117 — *Honfleur.*

118 — *Rotterdam.*

119 — *Une Minoterie (Hollande).*

120 — *Rotterdam.*

121 — *Honfleur.*

122 — *Nevers.*

123 — *Dordrecht.*

124 — *Anvers.*

125 — *Nevers.*

126 — *Bruxelles.*

127 — *Une Plage (Honfleur).*

128 — *Près Fontainebleau.*

129 — *Honfleur.*

130 — *Nevers.*

131 — *Près Nevers.*

132 — *Côte-Saint-André.*

133 — *Lac du Bourget.*

134 — *Hôtel Saint-Louis (le pont de Nevers).*

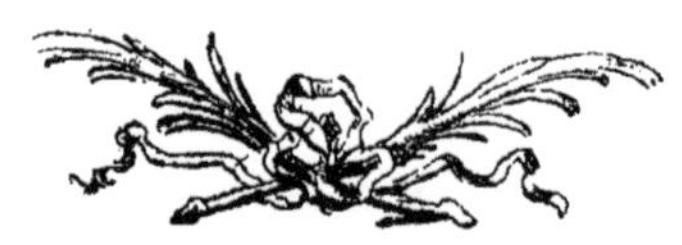